लावा

मैं ख़ुद भी सोचता हूँ ये क्या मेरा हाल है
जिसका जवाब चाहिए वो क्या सवाल है

लावा

जावेद अख़्तर

राजकमल प्रकाशन

ISBN : 978-81-267-2210-5

मूल्य : ₹450

पहला संस्करण : 2012
छठा संस्करण : 2021

प्रकाशक : राजकमल प्रकाशन प्रा.लि.
1-बी, नेताजी सुभाष मार्ग, दरियागंज
नई दिल्ली-110 002

शाखाएँ : अशोक राजपथ, साइंस कॉलेज के सामने, पटना-800 006
पहली मंजिल, दरबारी बिल्डिंग, महात्मा गांधी मार्ग, प्रयागराज-211 001
36-ए, शेक्सपियर सरणी, कोलकाता-700 017

वेबसाइट : www.rajkamalprakashan.com
ई-मेल : info@rajkamalprakashan.com

मुद्रक : यश प्रिंटोग्राफिक्स
ग्रेटर नोएडा-210 310 (उत्तर प्रदेश)

LAVA
by Javed Akhtar

उन तस्वीरों, गीतों और यादों के नाम

जिन्हें मेरा दोस्त

फ़रहान मुजीब

अपने पीछे छोड़ गया है

दो इक बातें

'लावा' मेरी ग़ज़लों और नज़्मों का दूसरा संग्रह है। पहला संग्रह 'तरकश' 1995 में प्रकाशित हुआ था, इसलिए 'देर आयद दुरुस्त आयद' का पचास फ़ीसदी अर्थात् 'देर आयद' तो यक़ीनन ठीक है, रहा 'दुरुस्त आयद' तो इसका फ़ैसला तो आपको करना है। मैं तो सिर्फ़ इस देर के लिए कुछ सफ़ाई पेश कर सकता हूँ।

अगर मेरी सुस्ती और आलस्य को नज़रअन्दाज़ कर दिया जाए तो इस देर की एक वजह ये बताई जा सकती है कि मेरे ख़याल में एक के बाद दूसरे संग्रहों का अंबार लगा देना अपने अन्दर, कोई कारनामा नहीं है। मैं समझता हूँ कि अगर अंबार लगे तो नये-नये विचारों का। जिस विचार को रचना का रूप मिल चुका हो, जिस विचार को अभिव्यक्ति मिल चुकी हो, उसे अगर किसी कारण कहने की ज़रूरत महसूस भी हो रही हो, तो कम-से-कम कथन शैली में ही कोई नवीनता, कोई विशिष्टता हो, वर्ना पाठक और श्रोता को अकारण कष्ट क्यों दिया जाए। लेकिन अगर यह नवीनता केवल नयेपन के लिए

है तो कोई लाख समझे कि उसकी शायरी में सुर्ख़ाब के पर लग गए हैं, मगर इन परों में उड़ने की शक्ति नहीं हो सकती कि बात दिल से नहीं निकली है। बात तो जब है कि अक़्ल की पहरेदारी भी मौजूद हो और दिल भी महसूस करे कि उसे तन्हा छोड़ दिया गया है। मैं जानता हूँ कि इसमें असंगति है मगर बेख़ुदी–ओ–हुशयारी, सादगी–ओ–पुरकारी, ये सब एक साथ दरकार हैं।

दरअस्ल शायरी बुद्धि और मन का मिश्रण, विचार और भावनाओं का समन्वय माँगती है। मैंने सच्चे दिल से यही कोशिश की है कि मैं शायरी की ये फ़र्माइश पूरी कर सकूँ। शायद इसीलिए देर लग गई। फिर भी कौन जाने कि ये फ़र्माइश किस हद तक पूरी हो सकी है।

बहरहाल मैं अपने उन सब दोस्तों का आभारी हूँ जिनके सहयोग और जिनकी ज़िद के बग़ैर ये संग्रह शायद टलता ही रहता। जो नाम ख़ास तौर से ज़हन में आ रहे हैं, वो हैं ओबैद आज़म आज़मी, सुहैल अख़्तर वारसी, विनय शुक्ला, मूनिस इजलाल, बाबा आज़मी और अतुल तिवारी।

तो लीजिए, 'लावा' आपके हवाले।

—जावेद अख़्तर

दिसम्बर, 2011

फ़ेहरिस्त

11 • ज़बान (नज़्म)
13 • जिधर जाते हैं सब जाना उधर अच्छा नहीं लगता
15 • कभी कभी मैं ये सोचता हूँ कि मुझको तेरी तलाश क्यों है
17 • ये खेल क्या है (नज़्म)
21 • कल जहाँ दीवार थी, है आज इक दर देखिए
23 • हमने ढूंढे भी तो ढूंढे हैं सहारे कैसे
25 • आँसू (नज़्म)
29 • यक़ीन का अगर कोई भी सिलसिला नहीं रहा
31 • बज़ाहिर क्या है जो हासिल नहीं है
33 • कायनात (नज़्म)
37 • जीना मुश्किल है कि आसान ज़रा देख तो लो
39 • तू किसी पे जाँ को निसार कर दे ....
41 • एतेराफ़ (नज़्म)
43 • मिसाल इसकी कहाँ है कोई ज़माने में
45 • यही हालात इब्तेदा से रहे
47 • ख़ुदा हाफ़िज़ (नज़्म)
51 • जब आइना कोई देखो इक अजनबी देखो
53 • सारी हैरत है मिरी सारी अदा उसकी है
55 • परस्तार (नज़्म)
59 • निगल गए सब की सब समुंदर, ज़मीं बची अब कहीं नहीं है
61 • दर्द अपनाता है पराए कौन
63 • अजीब क़िस्सा है (नज़्म)
67 • शुक्र है ख़ैरियत से हूँ साहब

69 ● खुला है दर प तिरा इंतेज़ार जाता रहा
71 ● दश्ते-जुनूँ वीरानियाँ.....तन्हाइयाँ
75 ● दिल (नज़्म)
77 ● आरज़ू के मुसाफ़िर
83 ● बरसों की रस्मो-राह थी इक रोज़ उसने तोड़ दी
85 ● प्यास की कैसे लाए ताब कोई
87 ● बरगद (नज़्म)
89 ● शबाना (नज़्म)
91 ● दस्तबरदार अगर आप ग़ज़ब से हो जाएँ
93 ● मैं कब से कितना हूँ तन्हा तुझे पता भी नहीं
95 ● कच्ची बस्ती (नज़्म)
99 ● एक शायर दोस्त से (नज़्म)
101 ● दिल का हर दर्द खो गया जैसे
103 ● अभी ज़मीर में थोड़ी-सी जान बाक़ी है
105 ● ये मुझसे पूछते हैं चारागर क्यों
107 ● ज़िन्दगी की आँधी में ज़ह्न का शजर तन्हा
109 ● वो ज़माना गुज़र गया कब का
111 ● ये दुनिया तुमको रास आए तो कहना
113 ● बरवक़्त एक और ख़याल (नज़्म)
115 ● अजीब आदमी था वो (नज़्म)
119 ● आज मैंने अपना फिर सौदा किया
121 ● मेले (नज़्म)
125 ● मोनताज (नज़्म)
127 ● किसलिए कीजे बज़्म-आराई
129 ● न ख़ुशी दे तो कुछ दिलासा दे
131 ● पन्द्रह अगस्त (नज़्म)
135 ● मैं ख़ुद भी कब ये कहता हूँ कोई सबब नहीं
137 ● हमसाये के नाम (नज़्म)
139 ● हमारे दिल में अब तल्ख़ी नहीं है
141 ● याद उसे भी एक अधूरा अफ़साना तो होगा
143 ● दर्द कुछ दिन तो मेहमाँ ठहरे
145 ● पेड़ से लिपटी बेल (नज़्म)

ज़बान

कोई ख़याल
और कोई भी जज़्बा[1]
कोई भी शय[2] हो
जाने उसको
पहले-पहल आवाज़ मिली थी
या उसकी तस्वीर बनी थी
सोच रहा हूँ

कोई भी आवाज़
लकीरों में जो ढली
तो कैसे ढली थी
सोच रहा हूँ
ये जो इक आवाज़ अलिफ़[3] है
सीधी लकीर में
ये आख़िर किसने भर दी थी
क्यों सबने ये मान लिया था
सामने मेरी मेज़ पे इक जो फल रक्खा है

1. भावना
2. चीज़
3. उर्दू वर्णमाला का पहला अक्षर

इसको सेब ही क्यों कहते हैं
सेब तो इक आवाज़ है
इस आवाज़ का इस फल से
जो अनोखा रिश्ता बना है
कैसे बना था
और ये टेढ़ी-मेढ़ी लकीरें
जिनको हर्फ़[1] कहा जाता है 1. अक्षर
ये आवाज़ों की तस्वीरें
कैसे बनी थीं
आवाज़ें तस्वीर बनीं
या तस्वीरें आवाज़ बनी थीं
सोच रहा हूँ

सारी चीज़ें
सारे जज़्बे
सारे ख़याल
और उनका तआरुफ़[2] 2. परिचय
उनकी ख़बर और
उनके हर पैग़ाम को देने पर फ़ाइज़[3] 3. नियुक्त
सारी आवाज़ें
इन आवाज़ों को अपने घर में ठहराती
अपनी अमान[4] में रखती 4. शरण
टेढ़ी-मेढ़ी लकीरें
किस ने ये कुनबा जोड़ा है
सोच रहा हूँ।

● ● ●

ग़ज़ल

जिधर जाते हैं सब, जाना उधर अच्छा नहीं लगता
मुझे पामाल[1] रस्तों का सफ़र अच्छा नहीं लगता 1. घिसे-पिटे

ग़लत बातों को ख़ामोशी से सुनना, हामी भर लेना
बहुत हैं फ़ायदे इसमें मगर अच्छा नहीं लगता

मुझे दुश्मन से भी ख़ुद्दारी की उम्मीद रहती है
किसी का भी हो सर, क़दमों में सर अच्छा नहीं लगता

बुलंदी पर इन्हें मिट्टी की ख़ुश्बू तक नहीं आती
ये वो शाख़ें हैं जिनको अब शजर[1] अच्छा नहीं लगता 1. वृक्ष

ये क्यों बाक़ी रहे आतिश-ज़नो[2], ये भी जला डालो 2. आग लगानेवाले
कि सब बेघर हों और मेरा हो घर, अच्छा नहीं लगता

●●●

इक ग़म है जो गूँगा है और चेहरा-चेहरा फिरता है
देखें इस ग़म को मिलती है लफ़्ज़ों की ख़ैरात कहाँ

ग़ज़ल

कभी-कभी मैं ये सोचता हूँ कि मुझको तेरी तलाश क्यों है
कि जब हैं सारे ही तार टूटे तो साज़ में इरतेआश[1] क्यों है 1. कंपन

कोई अगर पूछता ये हमसे, बताते हम गर तो क्या बताते
भला हो सब का कि ये न पूछा कि दिल पे ऐसी ख़राश क्यों है

उठाके हाथों से तुमने छोड़ा, चलो न दानिस्ता[2] तुमने तोड़ा 2. जान बूझकर
अब उल्टा हमसे तो ये न पूछो कि शीशा ये पाश-पाश[3] क्यों है 3. चूर-चूर

अजब दोराहे पे ज़िंदगी है कभी हवस दिल को खींचती है
कभी ये शर्मिंदगी है दिल में कि इतनी फ़िक्रे-मआश[1] क्यों है

1. आजीविका की चिंता

न फ़िक्र कोई न जुस्तुजू[2] है, न ख़्वाब कोई न आरज़ू है
ये शख़्स तो कब का मर चुका है, तो बेकफ़न फिर ये लाश क्यों है

2. खोज

●●●

आराम-दह मकाँ था मकीं बातमीज़[1] थे
बस खिड़कियों के पर्दे बहुत ही दबीज़[2] थे

1. सभ्य
2. मोटा

ये खेल क्या है

मिरे मुख़ालिफ़ ने चाल चल दी है
और अब
मेरी चाल के इंतेज़ार में है
मगर मैं कब से
सफ़ेद ख़ानों
सियाह ख़ानों में रक्खे
काले-सफ़ेद मोहरों को देखता हूँ
मैं सोचता हूँ
ये मोहरे क्या हैं

अगर मैं समझूँ
कि ये जो मोहरे हैं
सिर्फ़ लकड़ी के हैं खिलौने
तो जीतना क्या है हारना क्या
न ये ज़रूरी
न वो अहम है
अगर ख़ुशी है न जीतने की
न हारने का ही कोई ग़म है

तो खेल क्या है
मैं सोचता हूँ
जो खेलना है
तो अपने दिल में यक़ीन कर लूँ
ये मोहरे सचमुच के बादशाहो-वज़ीर
सचमुच के हैं प्यादे
और इनके आगे है
दुश्मनों की वो फ़ौज
रखती है जो कि मुझको तबाह करने के
सारे मनसूबे
सब इरादे
मगर मैं ऐसा जो मान भी लूँ
तो सोचता हूँ
ये खेल कब है
ये जंग है जिसको जीतना है
ये जंग है जिसमें सब है जायज़
कोई ये कहता है जैसे मुझसे
ये जंग भी है
ये खेल भी है
ये जंग है पर खिलाड़ियों की
ये खेल है जंग की तरह का
मैं सोचता हूँ
जो खेल है
इसमें इस तरह का उसूल क्यों है
कि कोई मोहरा रहे कि जाए
मगर जो है बादशाह
उसपर कभी कोई आँच भी न आए

वज़ीर ही को है बस इजाज़त
कि जिस तरफ़ भी वो चाहे जाए

मैं सोचता हूँ
जो खेल है
इसमें इस तरह का उसूल क्यों है
प्यादा जो अपने घर से निकले
पलट के वापस न जाने पाए
मैं सोचता हूँ
अगर यही है उसूल
तो फिर उसूल क्या है
अगर यही है ये खेल
तो फिर ये खेल क्या है
मैं इन सवालों से जाने कब से उलझ रहा हूँ
मिरे मुख़ालिफ़ ने चाल चल दी है
और अब मेरी चाल के इंतेज़ार में है।

●●●

जब जल रहा था शहर तो सुर्ख़[1] आस्मान था 1. लाल
मैं क्या कहूँ थी कैसी क़यामत की रौशनी

ग़ज़ल

कल जहाँ दीवार थी, है आज इक दर देखिए
क्या समाई थी भला दीवाने के सर, देखिए

पुर-सुकूँ[1] लगती है कितनी झील के पानी पे बत[2]
पैरों की बेताबियाँ पानी के अंदर देखिए

1. शांतिमय
2. हंस

छोड़कर जिसको गए थे आप कोई और था
अब मैं कोई और हूँ वापस तो आकर देखिए

छोटे-से घर में थे देखे ख़्वाब महलों के कभी
और अब महलों में हैं तो ख़्वाब में घर देखिए

ज़हने-इंसानी[1] इधर, आफ़ाक़[2] की वुसअ़त[3] उधर
एक मंज़र है यहाँ अंदर कि बाहर देखिए

1. मानव का मस्तिष्क
2. अंतरिक्ष
3. विस्तार

अक़्ल ये कहती है दुनिया मिलती है बाज़ार में
दिल मगर ये कहता है कुछ और बेहतर देखिए

● ● ●

आने न देते थे कभी हम दिल में आरज़ू
पर क्या करें कि लेके तेरा नाम आ गई

ग़ज़ल

हमने ढूँढे भी तो ढूँढे हैं सहारे कैसे
इन सराबों[1] पे कोई उम्र गुज़ारे कैसे 1. मृगतृष्णा

हाथ को हाथ नहीं सूझे, वो तारीकी[2] थी 2. अंधकार
आ गए हाथ में क्या जाने सितारे कैसे

हर तरफ़ शोर उसी नाम का है दुनिया में
कोई उसको जो पुकारे तो पुकारे कैसे

दिल बुझा जितने थे अरमान सभी ख़ाक हुए
राख में फिर ये चमकते हैं शरारे[1] कैसे   1. चिंगारी

न तो दम लेती है तू और न हवा थमती है
ज़िन्दगी ज़ुल्फ़ तिरी कोई सँवारे कैसे

• • •

इन दिनों नाउमीद रहता हूँ
शायद उसने भी ये सुना होगा

आँसू

किसी का ग़म सुन के
मेरी पलकों पे
एक आँसू जो आ गया है
ये आँसू क्या है

ये आँसू क्या इक गवाह है
मेरी दर्द-मंदी का मेरी इंसान-दोस्ती का
ये आँसू क्या इक सुबूत है
मेरी ज़िंदगी में ख़ुलूस की एक रौशनी का
ये आँसू क्या ये बता रहा है
कि मेरे सीने में एक हस्सास[1] दिल है
जिसने किसी की दिलदोज़[2] दास्ताँ जो सुनी
तो सुनके तड़प उठा है
पराये शोलों में जल रहा है
पिघल रहा है
मगर मैं फिर ख़ुद से पूछता हूँ
ये दास्ताँ तो अभी सुनी है
ये आँसू भी क्या अभी ढला है

1. संवेदनशील
2. हृदयस्पर्शी

ये आँसू
क्या मैं ये समझूँ
पहले कहीं नहीं था
मुझे तो शक है कि ये कहीं था
ये मेरे दिल और मेरी पलकों के दरमियाँ
इक जो फ़ासला है
जहाँ ख़यालों के शहर ज़िन्दा हैं
और ख़्वाबों की तुर्बतें[1] हैं
जहाँ मुहब्बत के उजड़े बाग़ों में
तल्ख़ियों के बबूल हैं
और कुछ नहीं है
जहाँ से आगे हैं
उलझनों के घनेरे जंगल

ये आँसू
शायद बहुत दिनों से
वहीं छिपा था
जिन्होंने इसको जनम दिया था
वो रंज[2] तो मसलेहत[3] के हाथों
न जाने कब क़त्ल हो गए थे
तो करता फिर किसपे नाज़ आँसू
कि हो गया बेजवाज़[4] आँसू
यतीम[5] आँसू, यसीर[6] आँसू
न मोतबर[7] था
न रास्तों से ही बाख़बर था
तो चलते चलते
वो थम गया था

1. क़ब्रें
2. दुःख, 3. नीति
4. अकारण
5. अनाथ
6. लावारिस
7. विश्वस्त

ठिठक गया था
झिझक गया था

इधर से आज इक किसी के ग़म की
कहानी का कारवाँ जो गुज़रा
यतीम आँसू ने जैसे जाना
कि इस कहानी की सरपरस्ती मिले
तो मुम्किन है
राह पाना
तो इक कहानी की उँगली थामे
उसी के ग़म को रुमाल करता
उसी के बारे में
झूठे-सच्चे सवाल करता
ये मेरी पलकों तक आ गया है।

● ● ●

मेरा तो अब ये आलम है, अक्सर ऐसा होता है
याद करूँ तो याद नहीं आता, घर कैसा होता है

ग़ज़ल

यक़ीन का अगर कोई भी सिलसिला नहीं रहा
तो शुक्र कीजिए, कि अब कोई गिला नहीं रहा

न हिज्र[1] है न वस्ल[2] है अब इसको कोई क्या कहे
कि फूल शाख़ पर तो है मगर खिला नहीं रहा

1. जुदाई
2. मिलन

ख़ज़ाने तुमने पाए तो ग़रीब जैसे हो गए
पलक पे अब कोई भी मोती झिलमिला नहीं रहा

बदल गई है ज़िंदगी, बदल गए हैं लोग भी
ख़ुलूस[1] का जो था कभी वो अब सिला[2] नहीं रहा

जो दुश्मनी बख़ील[3] से हुई तो इतनी ख़ैर है
कि ज़हर उस के पास है मगर पिला नहीं रहा

लहू में जज़्ब[4] हो सका न इल्म तो ये हाल है
कोई सवाल ज़ह्न को जो दे जिला[5], नहीं रहा

1. स्नेह
2. प्रतिफल
3. कंजूस
4. सोख
5. चमक

●●●

ग़ज़ल

बज़ाहिर[1] क्या है जो हासिल[2] नहीं है
मगर ये तो मिरी मंज़िल नहीं है

1. देखने में
2. प्राप्त

क़

ये तोदा रेत का है, बीच दरिया
ये बह जाएगा ये साहिल नहीं है

बहुत आसान है पहचान इसकी
अगर दुखता नहीं तो दिल नहीं है

मुसाफ़िर वो अजब है कारवाँ में
कि जो हमराह है शामिल नहीं है

बस इक मक़्तूल[1] ही मक़्तूल कब है — 1. हत
बस इक क़ातिल ही तो क़ातिल नहीं है

कभी तो रात को तुम रात कह दो
ये काम इतना भी अब मुश्किल नहीं है

●●●

तुम बैठे हो लेकिन जाते देख रहा हूँ
मैं तन्हाई के दिन आते देख रहा हूँ

कायनात[1] 1. ब्रह्मांड

मैं कितनी सदियों से तक रहा हूँ
ये कायनात और इसकी वुस्अत[2] 2. विस्तार
तमाम हैरत तमाम हैरत
ये क्या तमाशा ये क्या समाँ है
ये क्या अयाँ[3] है ये क्या निहाँ[4] है 3. स्पष्ट, 4. गुप्त
अथाह सागर है इक ख़ला[5] का 5. अंतरिक्ष
न जाने कब से न जाने कब तक
कहाँ तलक है
हमारी नज़रों की इन्तहा[6] है 6. सीमा
जिसे समझते हैं हम फ़लक[7] है 7. आकाश

ये रात का छलनी-छलनी-सा काला आस्माँ है
कि जिसमें जुगनू की शक्ल में
बेशुमार सूरज पिघल रहे हैं
शहाबे-साक़िब[8] हैं 8. उल्का
या हमेशा की ठंडी-काली फ़िज़ाओं[9] में 9. वातावरण
जैसे आग के तीर चल रहे हैं
करोड़हा नूरी[10] बरसों के फ़ासलों में फैली 10. प्रकाश वर्ष

ये कहकशाएँ[1]
ख़ला को घेरे हैं
या ख़लाओं की क़ैद में हैं
ये कौन किसको लिए चला है
हर एक लम्हा
करोड़ों मीलों की जो मुसाफ़त[2] है
इनको आख़िर कहाँ है जाना
अगर है इनका कहीं कोई आख़िरी ठिकाना
तो वो कहाँ है

जहाँ कहीं है
सवाल ये है
वहाँ से आगे कोई ज़मीं है
कोई फ़लक है
अगर नहीं है
तो ये 'नहीं' कितनी दूर तक है

मैं कितनी सदियों से तक रहा हूँ
ये कायनात और इसकी वुस्अत
तमाम हैरत तमाम हैरत
सितारे जिनकी सफ़ीर[3] किरनें
करोड़ों बरसों से राह में हैं
ज़मीं से मिलने की चाह में हैं
कभी तो आके करेंगी ये मेरी आँखें रौशन
कभी तो आएगा मेरे हाथों में रौशनी का एक ऐसा दामन
कि जिसको थामे मैं जाके देखूंगा इन ख़लाओं के

1. आकाश गंगा
2. यात्रा, दूरी
3. दूत

फैले आँगन
कभी तो मुझको ये कायनात अपने राज़ खुलके
सुना ही देगी
ये अपना आग़ाज़ अपना अंजाम
मुझको इक दिन बता ही देगी

अगर कोई वाइज़[1] अपने मिम्बर[2] से
नख़वत-आमेज़ लहजे[3] में ये कहे
कि तुम तो कभी समझ ही नहीं सकोगे
कि इस क़दर है ये बात गहरी
तो कोई पूछे
जो मैं न समझा
तो कौन समझेगा
और जिसको कभी न कोई समझ सके
ऐसी बात तो फिर फ़ुज़ूल[4] ठहरी।

1. उपदेशक
2. व्यास पीठ
3. अहंकार भरे स्वर
4. व्यर्थ

● ● ●

मिरी शनाख़्त मिरी इन्फ़िरादियत[1], आवाज़
बुरा अगर नहीं मानें हुज़ूर, अब भी है

1. एकत्व

ग़ज़ल

जीना मुश्किल है कि आसान ज़रा देख तो लो
लोग लगते हैं परेशान ज़रा देख तो लो

फिर मुक़र्रिर[1] कोई सरगर्म[2] सरे-मिम्बर[3] है
किसके है क़त्ल का सामान ज़रा देख तो लो

1. वक्ता, 2. सक्रिय
3. व्यासपीठ पर

ये नया शहर तो है ख़ूब बसाया तुमने
क्यों पुराना हुआ वीरान ज़रा देख तो लो

इन चिराग़ों के तले ऐसे अँधेरे क्यों हैं
तुम भी रह जाओगे हैरान ज़रा देख तो लो

तुम ये कहते हो कि मैं ग़ैर हूँ फिर भी शायद
निकल आए कोई पहचान ज़रा देख तो लो

ये सताइश[1] की तमन्ना ये सिले[2] की परवाह
कहाँ लाए हैं ये अरमान ज़रा देख तो लो

1. प्रशंसा
2. प्रतिफल

● ● ●

ग़ज़ल

तू किसी पे जाँ को निसार[1] कर दे कि दिल को क़दमों में डाल दे
कोई होगा तेरा यहाँ कभी ये ख़याल दिल से निकाल दे

1. न्योछावर

मिरे हुक्मराँ[2] भी अजीब हैं कि जवाब लेके वो आए हैं
मुझे हुक्म है कि जवाब का हमें सीधा-सीधा सवाल दे

2. शासक

रगो–पै[3] में जम गया सर्द ख़ूँ न मैं चल सकूँ न मैं हिल सकूँ
मिरे ग़म की धूप को तेज़ कर, मिरे ख़ून को तू उबाल दे

3. नस-नस

वो जो मुस्कुरा के मिला कभी तो ये फ़िक्र जैसे मुझे हुई
कहूँ अपने दिल का जो मुद्दआ[1], कहीं मुस्कुरा के न टाल दे   1. इच्छा

ये जो ज़ह्न[2] दिन की है रौशनी तो ये दिल है रात में चाँदनी   2. मस्तिष्क
मुझे ख़्वाब उतने ही चाहिएं ये ज़माना जितने ख़याल दे

● ● ●

अब तक ज़िन्दा रहने की तरकीब न आई
तुम आख़िर किस दुनिया में रहते हो भाई

एतेराफ़[1]

1. स्वीकारोक्ति

सच तो ये है कुसूर अपना है
चाँद को छूने की तमन्ना की
आस्मां को ज़मीन पर माँगा
फूल चाहा कि पत्थरों पे खिले
काँटों में की तलाश ख़ुशबू की
आग से माँगते रहे ठंडक
ख़्वाब जो देखा
चाहा सच हो जाए
इसकी हमको सज़ा तो मिलनी थी ।

●●●

हमको तो बस तलाश नए रास्तों की है
हम हैं मुसाफ़िर ऐसे जो मंज़िल से आए हैं

ग़ज़ल

मिसाल[1] इसकी कहाँ है कोई ज़माने में
कि सारे खोने के ग़म पाए हमने पाने में

वो शक्ल पिघली तो हर शय में ढल गई जैसे
अजीब बात हुई है उसे भुलाने में

जो मुंतज़िर न मिला वो तो हम हैं शर्मिंदा
कि हमने देर लगा दी पलटके आने में

1. उदाहरण

लतीफ़[1] था वो तख़य्युल[2] से, ख़्वाब से नाज़ुक
गँवा दिया उसे हमने ही आज़माने में

समझ लिया था कभी इक सराब[3] को दरिया
पर इक सुकून था हमको फ़रेब खाने में

झुका दरख़्त हवा से, तो आँधियों ने कहा
ज़्यादा फ़र्क़ नहीं झुकने-टूट जाने में

1. नरम, मुलायम
2. कल्पना
3. मृगतृष्णा

●●●

ग़ज़ल

यही हालात इब्तेदा[1] से रहे
लोग हमसे ख़फ़ा-ख़फ़ा-से रहे

इन चिराग़ों में तेल ही कम था
क्यों गिला हमको फिर हवा से रहे

बहस, शतरंज, शे'र, मौसीक़ी[2]
तुम नहीं थे तो ये दिलासे रहे

1. प्रारम्भ
2. संगीत

ज़िंदगी की शराब माँगते हो
हमको देखो, कि पीके प्यासे रहे

उसके बंदों को देखकर कहिए
हमको उम्मीद क्या ख़ुदा से रहे

●●●

बदन में क़ैद ख़ुद को पा रहा हूँ
बड़ी तन्हाई है, घबरा रहा हूँ

ख़ुदा हाफ़िज़

मुझे वो धुंध में लिपटी हुई
मासूम[1] सदियाँ याद आती हैं
कि जब तुम हर जगह थे
हर तरफ़ थे
हर कहीं थे तुम
रिहाइश[2] थी तुम्हारी आस्मानों में
ज़मीं के भी मकीं[3] थे तुम
तुम्हीं थे चाँद और सूरज के मुल्कों में
तुम्हीं तारों की नगरी में
हवाओं में
फ़िज़ाओं[4] में
दिशाओं में
सुलगती धूप में तुम थे
तुम्हीं थे ठंडी छाँवों में
तुम्हीं खेतों में उगते थे
तुम्हीं पेड़ों पे फलते थे
तुम्हीं बारिश की बूँदों में
तुम्हीं सारी घटाओं में

1. भोली-भाली
2. निवास
3. निवासी
4. वातावरण

हर इक सागर से आगे तुम थे
हर पर्बत के ऊपर तुम
वबाओं[1] में 1. महामारी
हर इक सैलाब में
सब ज़लज़लों में
हादसों में भी
रहा करते थे छिप कर तुम
हर इक आँधी में
तूफ़ाँ में
समुंदर में
बयाबाँ[2] में 2. वीराना
हर इक मौसम हर इक रुत में
तुम्हीं हर इक सितम में थे
तुम्हीं हर इक करम[3] में थे 3. दया
सभी पाकीज़ा[4] नदियों में 4. निर्मल
मुक़द्दस[5] आग में तुम थे 5. पवित्र
दरिंदों और चरिंदों
बिच्छुओं में नाग में तुम थे
सभी के डंक में तुम थे
सभी के ज़हर में तुम थे
जो इंसानों पे आते हैं
हर ऐसे क़हर[6] में तुम थे 6. प्रकोप
मगर सदियों के तन से लिपटी
धुंध अब छट रही है
अब कहीं कुछ रौशनी-सी हो रही है
और कहीं कुछ तीरगी[7] सी घट रही है 7. अंधकार
ये उजाले साफ़ कहते हैं

न अब तुम हो वबाओं में
न अब तुम हो घटाओं में
न बिच्छू में न तो अब नाग में तुम हो
न आँधी और तूफ़ाँ
और न तो पाकीज़ा नदियों
और मुक़द्दस[1] आग में तुम हो

1. पवित्र

अदब[2] है शर्त
बस इतना कहूँगा
तुमने शायद मुझ पे है ये मेहरबानी की
मैं अपने इल्म की मश्अल[3] लिए
पहुँचा जहाँ हूँ
मैंने देखा
तुमने है नक़्ले-मकानी[4] की
मगर अब भी ख़ला[5] की वुस्अतों[6] में
तुम ही रहते हो
जिसे कहते हैं क़िस्मत
अस्ल में
हालात का बिफरा समुंदर है
मगर अब तक यक़ीने-आम है
बनके समुंदर
तुम ही बहते हो

2. आदर
3. मशाल
4. स्थानांतरण
5. अंतरिक्ष
6. विस्तार

मुझे ये मानना होगा
वहाँ तुम हो
जहाँ ये राज़ है पिन्हाँ[7]
कि ऐसी कायनाते-बेकराँ[8] की इब्तेदा[9]

7. छिपा हुआ
8. असीम बृहमांड
9. प्रारम्भ

और इन्तहा[1] क्या है
वहाँ तुम हो
जहाँ ये आगही[2] है
मौत के इस पर्दे के पीछे छिपा क्या है
अभी कुछ दिन वहाँ रह लो
मगर इतना बता दूँ मैं
उधर मैं आनेवाला हूँ।

1. अंत
2. चेतना

● ● ●

एहसास[1] का मस्कन[2] है इन अफ़कार[3] से आगे
जंगल ये अजब आता है बाज़ार से आगे

1. भावना
2. घर
3. सोच

ग़ज़ल

जब आइना कोई देखो इक अजनबी देखो
कहाँ पे लाई है तुमको ये ज़िंदगी देखो

मुहब्बतों में कहाँ अपने वास्ते फ़ुर्सत
जिसे भी चाहो वो चाहे मिरी ख़ुशी देखो

जो हो सके तो ज़्यादा ही चाहना मुझको
कभी जो मेरी मुहब्बत में कुछ कमी देखो

जो दूर जाए तो ग़म है जो पास आए तो दर्द
न जाने क्या है वो कमबख़्त आदमी देखो

उजाला तो नहीं कह सकते इसको हम लेकिन
ज़रा-सी कम तो हुई है ये तीरगी[1] देखो

1. अंधकार

●●●

पहले सहारे, फिर उम्मीदें, फिर अरमाँ भी छूट गए
ऊपर से तो ज़ख़्मी हुए हम, अन्दर से भी टूट गए

ग़ज़ल

सारी हैरत है मिरी सारी अदा उसकी है
बेगुनाही है मिरी और सज़ा उसकी है

मेरे अल्फ़ाज़[1] में जो रंग है वो उसका है
मेरे एहसास में जो है वो फ़िज़ा उसकी है

शे'र मेरे हैं मगर उनमें मुहब्बत उसकी
फूल मेरे हैं मगर बादे-सबा[2] उसकी है

1. शब्द
2. सवेरे की पुरवा हवा

इक मुहब्बत की ये तस्वीर है दो रंगों में
शौक़ सब मेरा है और सारी हया[1] उसकी है

1. शर्म

हमने क्या उससे मुहब्बत की इजाज़त ली थी
दिल-शिकन[2] ही सही, पर बात बजा उसकी है

2. हृदयविदारक

एक मेरे ही सिवा सबको पुकारे है कोई
मैंने पहले ही कहा था ये सदा उसकी है

ख़ून से सींची है मैंने जो ज़मीं मर-मर के
वो ज़मीं, एक सितमगर ने कहा, उसकी है

क़

उसने ही इसको उजाड़ा है इसे लूटा है
ये ज़मीं उसकी अगर है भी तो क्या उसकी है

● ● ●

परस्तार[1]

वो जो कहलाता था दीवाना तिरा
वो जिसे हिफ़्ज़[2] था अफ़्साना तिरा
जिसकी दीवारों पे आवेज़ाँ[3] थीं
तस्वीरें तिरी
वो जो दोहराता था
तक़रीरें[4] तिरी
वो जो ख़ुश था तिरी ख़ुशियों से
तिरे ग़म से उदास
दूर रहके जो समझता था
वो है तेरे पास
वो जिसे सज्दा तुझे करने से
इन्कार न था
उसको दरअस्ल कभी तुझसे
कोई प्यार न था
उसकी मुश्किल थी
कि दुश्वार[5] थे उसके रस्ते
जिनपे बेख़ौफ़ो-ख़तर[6]

1. भक्त
2. कंठस्थ
3. टँगी हुई
4. भाषण
5. कठिन
6. निर्भय

घूमते रहज़न[1] थे
सदा उसकी अना[2] के दरपै[3]
उसने घबराके
सब अपनी अना की दौलत
तेरी तहवील[4] में रखवा दी थी
अपनी ज़िल्लत[5] को वो दुनिया की नज़र
और अपनी भी निगाहों से छिपाने के लिए
कामयाबी को तिरी
तेरी फ़ुतूहात[6]
तिरी इज़्ज़त को
वो तिरे नाम तिरी शोहरत[7] को
अपने होने का सबब[8] जानता था
है वजूद उसका जुदा तुझसे
ये कब मानता था
वो मगर
पुरख़तर[9] रास्तों से आज निकल आया है
वक़्त ने तेरे बराबर न सही
कुछ न कुछ अपना करम उसपे भी फ़रमाया है
अब उसे तेरी ज़रूरत ही नहीं
जिसका दावा था कभी
अब वो अक़ीदत[10] ही नहीं
तेरी तहवील में जो रक्खी थी कल
उसने अना
आज वो माँग रहा है वापस
बात इतनी-सी है

1. लुटेरे
2. अहं, 3. घात में
4. सुरक्षा
5. बेइज़्ज़ती
6. जीत
7. प्रसिद्धि
8. कारण
9. ख़तरनाक
10. श्रद्धा

ऐ साहिबे-नामो-शोहरत[1]
जिसको कल
तेरे ख़ुदा होने से इन्कार न था
वो कभी तेरा परस्तार न था।

1. प्रतिष्ठित

● ● ●

सबका ख़ुशी से फ़ासिला एक क़दम है
हर घर में बस एक ही कमरा कम है

ख़ुश भी हूँ डरता भी हूँ, मुझको ख़ुशियाँ
दुश्मन की भेजी सौग़ातें लगती हैं

ग़ज़ल

निगल गए सब की सब समुंदर, ज़मीं बची अब कहीं नहीं है
बचाते हम अपनी जान जिसमें वो कश्ती भी अब कहीं नहीं है

बहुत दिनों बाद पाई फ़ुर्सत तो मैंने ख़ुद को पलटके देखा
मगर मैं पहचानता था जिसको वो आदमी अब कहीं नहीं है

गुज़र गया वक़्त दिल पे लिखकर न जाने कैसी अजीब बातें
वरक़[1] पलटता हूँ मैं जो दिल के तो सादगी अब कहीं नहीं है

1. पृष्ठ

वो आग बरसी है दोपहर में कि सारे मंज़र[1] झुलस गए हैं
यहाँ सवेरे जो ताज़गी थी वो ताज़गी अब कहीं नहीं है

1. दृश्य

तुम अपने क़स्बों में जाके देखो वहाँ भी अब शहर ही बसे हैं
कि ढूँढते हो जो ज़िंदगी तुम वो ज़िंदगी अब कहीं नहीं है

● ● ●

अब अपना कोई दोस्त कोई यार नहीं है
हैं जिसकी तरफ़, वो भी तरफ़दार नहीं है

ग़ज़ल

दर्द अपनाता है पराए कौन
कौन सुनता है और सुनाए कौन

कौन दोहराए फिर वही बातें
ग़म अभी सोया है, जगाए कौन

अब सुकूँ[1] है तो भूलने में है
लेकिन उस शख़्स को भुलाए कौन

1. चैन

वो जो अपने हैं क्या वो अपने हैं
कौन दुख झेले, आज़माए कौन

आज फिर दिल है कुछ उदास-उदास
देखिए आज याद आए कौन

●●●

तुम बिन हम सुख क्या पाते दुख भी न मिला जी भरके
अब तक है वही बेचैनी और दर्द है पहले से कम

अजीब क़िस्सा है

अजीब क़िस्सा है
जब ये दुनिया समझ रही थी
तुम अपनी दुनिया में जी रही हो
मैं अपनी दुनिया में जी रहा हूँ
तो हमने सारी निगाहों से दूर
एक दुनिया बसाई थी
जो कि मेरी भी थी
तुम्हारी भी थी
जहाँ फ़िज़ाओं में
दोनों के ख़्वाब जागते थे
जहाँ हवाओं में
दोनों की सरगोशियाँ[1] घुली थीं
जहाँ के फूलों में
दोनों की आरज़ू के सब रंग
खिल रहे थे
जहाँ पे दोनों की जुरअतों[2] के
हज़ार चश्मे[3] उबल रहे थे

1. हौले से कही बातें
2. साहस
3. धारे

न वसवसे[1] थे न रंजो-ग़म[2] थे
सुकून का गहरा इक समुंदर था
और हम थे

अजीब क़िस्सा है
सारी दुनिया ने
जब ये जाना
कि हमने सारी निगाहों से दूर
एक दुनिया बसाई है तो
हर एक अबरू[3] ने जैसे हम पर कमान तानी
तमाम पेशानियों[4] पे उभरीं
ग़म और ग़ुस्से की गहरी शिकनें[5]
किसी के लहजे से तल्ख़ी[6] छलकी
किसी की बातों में तुर्शी[7] आई
किसी ने चाहा
कि कोई दीवार ही उठा दे
किसी ने चाहा
हमारी दुनिया ही वो मिटा दे
मगर ज़माने को हारना था
ज़माना हारा
ये सारी दुनिया को मानना ही पड़ा
हमारे ख़याल की एक-सी ज़मीं है
हमारे ख़्वाबों का एक जैसा ही आस्माँ है
मगर पुरानी ये दास्ताँ है
कि हमपे दुनिया
अब एक अर्से[8] से मेहरबाँ है

1. आशंका
2. दुख
3. भ्रू, भौं
4. माथा
5. लकीरें
6. कड़वाहट
7. कसीलापन
8. मुद्दत

अजीब क़िस्सा है
जब कि दुनिया ने
कब का तस्लीम[1] कर लिया है
हम एक दुनिया के रहने वाले हैं
सच तो ये है
तुम अपनी दुनिया में जी रही हो
मैं अपनी दुनिया में जी रहा हूँ।

1. स्वीकार

● ● ●

तुम्हें भी याद नहीं और मैं भी भूल गया
वो लम्हा कितना हसीं था मगर फ़ुज़ूल गया

जो बाल[1] आ जाए शीशे में तो शीशा तोड़ देते हैं
जिसे छोड़ें उसे हम उम्रभर को छोड़ देते हैं

1. दरार

ग़ज़ल

शुक्र है ख़ैरियत से हूँ साहब
आपसे और क्या कहूँ साहब

अब समझने लगा हूँ सूदो-ज़ियाँ[1]
अब कहाँ मुझमें वो जुनूँ[2] साहब

ज़िल्लते-ज़ीस्त[3] या शिकस्ते-ज़मीर[4]
ये सहूँ मैं कि वो सहूँ साहब

1. लाभ-हानि
2. उन्माद
3. अपमानमय जीवन
4. अंतरात्मा की पराजय

हम तुम्हें याद करते, रो लेते
दो घड़ी मिलता जो सुकूँ साहब

शाम भी ढल रही है घर भी है दूर
कितनी देर और मैं रुकूँ साहब

अब झुकूँगा तो टूट जाऊँगा
कैसे अब और मैं झुकूँ साहब

कुछ रिवायात[1] की गवाही पर
कितना जुर्माना मैं भरूँ साहब

1. प्रचलित कथाएँ

●●●

ग़ज़ल

खुला है दर प तिरा इंतेज़ार जाता रहा
ख़ुलूस[1] तो है मगर एतेबार जाता रहा

किसी की आँख में मस्ती तो आज भी है वही
मगर कभी जो हमें था ख़ुमार[2], जाता रहा

कभी जो सीने में एक आग थी वो सर्द हुई
कभी निगाह में जो था शरार[3] जाता रहा

1. प्रेम
2. नशा
3. चिंगारी

अजब-सा चैन था हमको कि जब थे हम बेचैन
क़रार[1] आया तो जैसे क़रार जाता रहा

1. चैन

कभी तो मेरी भी सुनवाई होगी महफ़िल में
मैं ये उम्मीद लिए बार-बार जाता रहा

• • •

अक्सर वो कहते हैं वो बस मेरे हैं
अक्सर क्यों कहते हैं, हैरत होती है

ग़ज़ल

दश्ते-जुनूँ[1] वीरानियाँ, क़ह्ते-सुकूँ[2] हैरानियाँ, इक दिल और उसकी
बे-सरो-सामानियाँ[3], अज़ ख़ाकदाँ ता आस्माँ[4], तन्हाइयाँ-तन्हाइयाँ-तन्हाइयाँ

चेहरा ज़मीं का ज़र्द[5] है, लहजा हवा का सर्द है, पहने फ़िज़ाएँ हैं कफ़न
या गर्द[6] है, मातम-कुनाँ[7] है ये समाँ, तन्हाइयाँ-तन्हाइयाँ-तन्हाइयाँ

सब हमसफ़र अब खो चुके, हम हाथ सबसे धो चुके, हम सबको कब का रो चुके,
उम्मीद हसरत आरज़ू जितने फ़रोज़ाँ[8] थे यहाँ गुल[9] सब चिराग़ अब हो चुके

अब एक लम्बी रात है, अब एक ही तो बात है, अब दिल पे जैसे ग़म का
भारी हाथ है, अब इक यही है दास्ताँ, तन्हाइयाँ-तन्हाइयाँ तन्हाइयाँ

1. उन्माद का रेगिस्तान
2. चैन का अकाल
3. कंगाली
4. धरती से आकाश तक
5. फीका या पीला
6. धूल
7. शोक ग्रस्त
8. प्रकाशमान्
9. बुझना

अब ये सफ़र दुश्वार[1] है, हर हर क़दम दीवार है, हर लम्हा इक आज़ार[2] है
अब रोज़ो-शब[3], शामो-सहर[4] है वक़्त वो बीमार जो मरने से भी लाचार है

मजबूर होके ज़िंदगी, है साँस रोके ज़िंदगी, है गुंग[5] अब आवाज़
खोके ज़िंदगी, हैं इस ख़मोशी में निहाँ[6] तन्हाइयाँ-तन्हाइयाँ-तन्हाइयाँ

सहमी हुई हैं ख़्वाहिशें, ठिठकी हुई है काविशें[7], क्या दोस्ती क्या रंजिशें[8],
सब जैसे अब हैं बेअसर बेवाक़िआ-सी[9] ज़िंदगी की हैं अजब ये साज़िशें[10]

जो ग़म थे वो भी खो गए, दिल जैसे ख़ाली हो गए, कल जो थे अपने हमसफ़र
वो तो गए, अब हर तरफ़ हैं हुक्मराँ[11] तन्हाइयाँ-तन्हाइयाँ-तन्हाइयाँ

1. कठिन
2. कष्ट
3. दिन-रात
4. शाम-सवेरा
5. गूंगी
6. छुपी हुई
7. प्रयत्न
8. मनमुटाव
9. स्थगित
10. षड्यंत्र
11. शासक

ऐ ज़ीस्त[1] ये तू ही बता, ये क्या हुआ कैसे हुआ, क्यों हमने पाई ये सज़ा
अब याद करते हैं अगर तो याद तक आता नहीं देखा था हमने ख़्वाब क्या

क्या साज़ क्या जामो-सुबू[2], रुख़सत[3] हुई हर आरज़ू, चारों पहर लगता है
जैसे चारसू[4], हैं साकितो-जामिद[5] यहाँ तन्हाइयाँ-तन्हाइयाँ-तन्हाइयाँ

●●●

1. जीवन
2. मदिरा और प्याला
3. विदा
4. चारों ओर
5. रुकी हुई और जमी हुई

मुझ को बिखरना था जो ये घेरा नहीं होता
मैं अपना भी न होता जो तेरा नहीं होता

दिल

दिल वो सह्रा[1] था
कि जिस सह्रा में
हसरतें[2]
रेत के टीलों की तरह रहती थीं
जब हवादिस[3] की हवा
उनको मिटाने के लिए
चलती थी
यहाँ मिटती थीं
कहीं और उभर आती थीं
शक्ल खोते ही
नई शक्ल में ढल जाती थीं
दिल के सह्रा पे मगर अब की बार
सानेहा[4] गुज़रा कुछ ऐसा
कि सुनाए न बने
आँधी वो आई कि सारे टीले
ऐसे बिखरे
कि कहीं और उभर ही न सके
यूँ मिटे हैं

1. रेगिस्तान
2. आकांक्षाएँ
3. दुर्घटनाएँ
4. विपत्ति

कि कहीं और बनाए न बने
अब कहीं
टीले नहीं
रेत नहीं
रेत का ज़र्रा[1] नहीं
दिल में अब कुछ भी नहीं
दिल को सहरा भी अगर कहिए
तो कैसे कहिए।

1. कण

● ● ●

आरज़ू के मुसाफ़िर

जाने किसकी तलाश उनकी आँखों में थी
आरज़ू के मुसाफ़िर
भटकते रहे
जितना भी वो चले
उतने ही बिछ गए
राह में फ़ासले
ख़्वाब मंज़िल थे
और मंज़िलें ख़्वाब थीं
रास्तों से निकलते रहे रास्ते
जाने किस वास्ते
आरज़ू के मुसाफ़िर भटकते रहे

जिनपे सब चलते हैं
ऐसे सब रास्ते छोड़के
एक अंजान पगडंडी की उँगली थामे हुए
इक सितारे से
उम्मीद बाँधे हुए सम्त[1] की
हर गुमाँ[2] को यक़ीं[3] मानके

1. दिशा
2. भ्रम, 3. विश्वास

अपने दिल से
कोई धोखा खाते हुए जानके
सहरा-सहरा
समुंदर को वो ढूँढते
कुछ सराबों[1] की जानिब[2]
रहे गामज़न[3]
यूँ नहीं था
कि उनको ख़बर ही न थी
ये समुंदर नहीं
लेकिन उनको कहीं
शायद एहसास था
ये फ़रेब[4]
उनको महवे-सफ़र[5] रक्खेगा
ये सबब[6] था
कि था और कोई सबब
जो लिए उनको फिरता रहा
मंज़िलों -मंज़िलों
रास्ते-रास्ते
जाने किस वास्ते
आरज़ू के मुसाफ़िर भटकते रहे

अक्सर ऐसा हुआ
शहर-दर-शहर
और बस्ती-बस्ती
किसी भी दरीचे[7] में
कोई चिराग़े-मुहब्बत न था

1. मृगतृष्णा
2. तरफ़
3. अग्रसर
4. धोखा
5. यात्रा में व्यस्त
6. कारण
7. झरोखा

बेरुख़ी[1] से भरी 1. उपेक्षा
सारी गलियों में
सारे मकानों के
दरवाज़े यूँ बंद थे
जैसे इक सर्द
ख़ामोश लहजे में
वो कह रहे हों
मुरव्वत[2] का और मेहरबानी का मस्कन[3] 2. शालीनता
कहीं और होगा 3. आवास
यहाँ तो नहीं है
यही एक मंज़र[4] समेटे थे 4. दृश्य
शहरों के पथरीले सब रास्ते
जाने किस वास्ते
आरज़ू के मुसाफ़िर भटकते रहे

और कभी यूँ हुआ
आरज़ू के मुसाफ़िर थे
जलती-सुलगती हुई धूप में
कुछ दरख़्तों ने साये बिछाए मगर
उनको ऐसा लगा
साये में जो सुकून
और आराम है
मंज़िलों तक पहुँचने न देगा उन्हें
और यूँ भी हुआ
महकी कलियों ने ख़ुश्बू के पैग़ाम[5] भेजे उन्हें 5. संदेश
उनको ऐसा लगा
चंद कलियों पे कैसे क़नाअत[6] करें 6. संतुष्टि

उनको तो ढूँढना है
वो गुलशन कि जिसको
किसी ने अभी तक है देखा नहीं
जाने क्यों था उन्हें इसका पूरा यक़ीं
देर हो या सवेर उनको लेकिन कहीं
ऐसे गुलशन[1] के मिल जाएँगे रास्ते
जाने किस वास्ते
आरज़ू के मुसाफ़िर भटकते रहे

1. उद्यान

धूप ढलने लगी
बस ज़रा देर में रात हो जाएगी
आरज़ू के मुसाफ़िर जो हैं
उनके क़दमों तले
जो भी इक राह है
वो भी शायद अँधेरे में खो जाएगी
आरज़ू के मुसाफ़िर भी
अपने थके-हारे बेजान पैरों पे
कुछ देर तक लड़खड़ाएँगे
और गिरके सो जाएँगे
सिर्फ़ सन्नाटा सोचेगा ये रातभर
मंज़िलें तो इन्हें जाने कितनी मिलीं
ये मगर
मंज़िलों को समझते रहे जाने क्यों रास्ते
जाने किस वास्ते
आरज़ू के मुसाफ़िर भटकते रहे

और फिर इक सवेरे की उजली किरन
तीरगी[1] चीर के
जगमगा देगी
जब अनगिनत रहगुज़ारों[2] पे बिखरे हुए
उनके नक़्शे-क़दम[3]
आफ़ियतगाहों[4] में रहनेवाले
ये हैरत से मजबूर होके कहेंगे
ये नक़्शे-क़दम सिर्फ़ नक़्शे-क़दम ही नहीं
ये तो दरयाफ़्त[5] हैं
ये तो ईजाद[6] हैं
ये तो अफ़्कार[7] हैं
ये तो अश्आर[8] हैं
ये कोई रक़्स[9] हैं
ये कोई राग हैं
इनसे ही तो हैं आरास्ता[10]
सारी तहज़ीबो-तारीख़[11] के
वक़्त के
ज़िंदगी के सभी रास्ते

वो मुसाफ़िर मगर
जानते-बूझते भी रहे बेख़बर
जिसको छू लें क़दम
वो तो बस राह थी
उनकी मंज़िल दिगर[12] थी
अलग चाह थी
जो नहीं मिल सके उसकी थी आरज़ू

1. अंधकार
2. रास्ते
3. पद चिन्ह
4. सुखी घरों
5. खोज
6. आविष्कार
7. विचार धाराएँ
8. शे'र का बहु.
9. नृत्य
10. सजे हुए
11. संस्कृति और इतिहास
12. अलग

जो नहीं है कहीं उसकी थी जुस्तजू[1]
शायद इस वास्ते
आरज़ू के मुसाफ़िर भटकते रहे।

1. तलाश

● ● ●

इश्क़ की बातें ख़्वाब की बातें लगती हैं
अब सब रातें सूनी रातें लगती हैं

ग़ज़ल

बरसों की रस्मो-राह[1] थी इक रोज़ उसने तोड़ दी
हुशियार हम भी कम नहीं, उम्मीद हमने छोड़ दी

गिरहें[2] पड़ी हैं किस तरह, ये बात है कुछ इस तरह
वो डोर टूटी बारहा[3], हर बार हमने जोड़ दी

उसने कहा कैसे हो तुम, बस मैंने लब[4] खोले ही थे
और बात दुनिया की तरफ़ जल्दी-से उसने मोड़ दी

1. संबंध
2. गांठ
3. बार-बार
4. होंठ

वो चाहता है सब कहें, सरकार तो बेऐब[1] हैं
जो देख पाए ऐब वो हर आँख उसने फोड़ दी

थोड़ी-सी पाई थी ख़ुशी तो सो गई थी ज़िंदगी
ऐ दर्द तेरा शुक्रिया, जो इस तरह झंझोड़ दी

1. निर्विकार

●●●

इस नगरी में क्यों मिलती है रोटी सपनों के बदले
जिनकी नगरी है वो जानें हम ठहरे बनजारे लोग

ग़ज़ल

प्यास की कैसे लाए ताब[1] कोई
नहीं दरिया तो हो सराब[2] कोई

ज़ख़्म दिल में जहाँ महकता है
इसी क्यारी में था गुलाब कोई

रात बजती थी दूर शहनाई
रोया पीकर बहुत शराब कोई

1. सहनशक्ति
2. मृगतृष्णा

दिल को घेरे हैं रोज़गार के ग़म
रद्दी में खो गई किताब कोई

कौन-सा ज़ख़्म किसने बख़्शा[1] है
इसका रक्खे कहाँ हिसाब कोई

1. प्रदान करना

फिर मैं सुनने लगा हूँ इस दिल की
आनेवाला है फिर अज़ाब[2] कोई

2. संकट

शब की दहलीज़[3] पर शफ़क़[4] है लहू
फिर हुआ क़त्ल आफ़्ताब[5] कोई

3. चौखट
4. क्षितिज की लालिमा
5. सूरज

● ● ●

बरगद

मेरे रस्ते में इक मोड़ था
और उस मोड़ पर
पेड़ था एक बरगद का
ऊँचा
घना
जिसके साए में मेरा बहुत वक़्त बीता है
लेकिन हमेशा यही मैंने सोचा
कि रस्ते में ये मोड़ ही इसलिए है
कि ये पेड़ है
उम्र की आँधियों में
वो पेड़ एक दिन गिर गया
मोड़ लेकिन है अब तक वहीं का वहीं

देखता हूँ तो
आगे भी रस्ते में
बस मोड़ ही मोड़ हैं
पेड़ कोई नहीं

रास्तों में मुझे यूँ तो मिल जाते हैं मेहरबाँ
फिर भी हर मोड़ पर
पूछता है ये दिल
वो जो इक छाँव थी
खो गई है कहाँ।

●●●

ढलता सूरज, फैला जंगल, रस्ता गुम
हमसे पूछो कैसा आलम होता है

शबाना

ये आए दिन के हंगामे
ये जब देखो सफ़र करना
यहाँ जाना - वहाँ जाना
इसे मिलना उसे मिलना
हमारे सारे लम्हे
ऐसे लगते हैं
कि जैसे ट्रेन के चलने से पहले
रेलवे स्टेशनों पर
जल्दी-जल्दी अपने डब्बे ढूँढते
कोई मुसाफ़िर हों
जिन्हें कब सांस भी लेने की मुह्लत है
कभी लगता है
तुमको मुझसे मुझको तुमसे मिलने का
ख़याल आए
कहाँ इतनी भी फ़ुर्सत है

मगर जब संगदिल दुनिया मेरा दिल तोड़ती है तो
कोई उम्मीद चलते चलते

जब मुँह मोड़ती है तो
कभी कोई ख़ुशी का फूल
जब इस दिल में खिलता है
कभी जब मुझको अपने ज़ह्न[1] से — 1. बुद्धि
कोई ख़याल इनआम मिलता है
कभी जब इक तमन्ना पूरी होने से
ये दिल ख़ाली–सा होता है
कभी जब दर्द आके पलकों पे मोती पिरोता है
तो ये एहसास होता है
ख़ुशी हो ग़म हो हैरत हो
कोई जज़्बा[2] हो — 2. भावना
इसमें जब कहीं इक मोड़ आए तो
वहाँ पलभर को
सारी दुनिया पीछे छूट जाती है
वहाँ पलभर को
इस कठपुतली जैसी ज़िंदगी की
डोरी-डोरी टूट जाती है
मुझे उस मोड़ पर
बस इक तुम्हारी ही ज़रूरत है
मगर ये ज़िंदगी की ख़ूबसूरत इक हक़ीक़त है
कि मेरी राह में जब ऐसा कोई मोड़ आया है
तो हर उस मोड़ पर मैंने
तुम्हें हमराह[3] पाया है। — 3. साथ-साथ

●●●

ग़ज़ल

दस्तबरदार[1] अगर आप ग़ज़ब[2] से हो जाएँ
हर सितम भूलके हम आपके अब से हो जाएँ

1. विरक्त
2. अत्याचार

चौदहवीं शब[3] है तो खिड़की के गिरा दो पर्दे
कौन जाने कि वो नाराज़ ही शब से हो जाएँ

3. पूरे चाँद की रात

एक ख़ुश्बू की तरह फैलते हैं महफ़िल में
ऐसे अल्फ़ाज़[4] अदा[5] जो तिरे लब से हो जाएँ

4. शब्द, 5. कथित

न कोई इश्क़ है बाक़ी न कोई परचम[1] है
लोग दीवाने भला किसके सबब[2] से हो जाएँ

बाँध लो हाथ कि फैलें न किसी के आगे
सी लो ये लब कि कहीं वा[3] न तलब[4] से हो जाएँ

बात तो छेड़ मिरे दिल, कोई क़िस्सा तो सुना
क्या अजब उनके भी जज़्बात[5] अजब से हो जाएँ

1. झंडा
2. कारण
3. खुल जाना
4. ज़रूरत
5. भावनाएँ

● ● ●

ग़ज़ल

मैं कब से कितना हूँ तन्हा तुझे पता भी नहीं
तिरा तो कोई ख़ुदा है मिरा ख़ुदा भी नहीं

कभी ये लगता है अब ख़त्म हो गया सब कुछ
कभी ये लगता है अब तक तो कुछ हुआ भी नहीं

कभी तो बात की उसने, कभी रहा ख़ामोश
कभी तो हँसके मिला और कभी मिला भी नहीं

कभी जो तल्ख़-कलामी[1] थी वो भी ख़त्म हुई
कभी गिला[2] था हमें उनसे अब गिला भी नहीं

1. कड़वी बातें
2. शिकायत

वो चीख़ उभरी, बड़ी देर गूँजी, डूब गई
हर एक सुनता था लेकिन कोई हिला भी नहीं

● ● ●

कम से कम उसको देख लेते थे
अब के सैलाब में वो पुल भी गया

कच्ची बस्ती

गलियाँ
और गलियों में गलियाँ
छोटे घर
नीचे दरवाज़े
टाट के पर्दे
मैली बदरंगी दीवारें
दीवारों से सर टकराती
कोई गाली
गलियों के सीने पर बहती
गंदी नाली
गलियों के माथे पर बहता
आवाज़ों का गंदा नाला

आवाज़ों की भीड़ बहुत है
इंसानों की भीड़ बहुत है
कड़वे और कसीले चेहरे
बदहाली के ज़हर से हैं ज़हरीले चेहरे
बीमारी से पीले चेहरे

मरते चेहरे
हारे चेहरे
बेबस और बेचारे चेहरे
सारे चेहरे

एक पहाड़ी कचरे की
और उस पर फिरते
आवारा कुत्तों से बच्चे
अपना बचपन ढूँढ रहे हैं

दिन ढलता है
इस बस्ती में रहनेवाले
औरों की जन्नत को अपनी मेहनत देकर
अपने जहन्नम[1] की जानिब[2]
अब थके हुए
झुंझलाए हुए-से
लौट रहे हैं
एक गली में
ज़ंग लगे पीपे रक्खे हैं
कच्ची दारू महक रही है

आज सवेरे से
बस्ती में
क़त्लो-ख़ूँ[3] का
चाक़ूज़नी[4] का
कोई क़िस्सा नहीं हुआ है

1. नरक
2. तरफ़
3. रक्तपात
4. चाकू घौंपना

ख़ैर
अभी तो शाम है
पूरी रात पड़ी है

यूँ लगता है
सारी बस्ती
जैसे इक दुखता फोड़ा है
यूँ लगता है
सारी बस्ती
जैसे है इक जलता कढ़ाव
यूँ लगता है
जैसे ख़ुदा नुक्कड़ पर बैठा
टूटे-फूटे इंसाँ
औने-पौने दामों
बेच रहा है।

● ● ●

मेरी साँसों में जिसकी ख़ुश्बू थी
दिल के गुलदान से वो गुल भी गया

एक शायर दोस्त से

घर में बैठे हुए क्या लिखते हो
बाहर निकलो
देखो क्या हाल है दुनिया का
ये क्या आलम[1] है 1. दशा
सूनी आँखें हैं
सभी ख़ुशियों से ख़ाली जैसे
आओ इन आँखों में ख़ुशियों की चमक हम लिख दें
ये जो माथे हैं
उदासी की लकीरों के तले[2] 2. नीचे
आओ इन माथों पे क़िस्मत की दमक हम लिख दें
चेहरों से गहरी ये मायूसी[3] मिटाके 3. निराशा
आओ
इनपे उम्मीद की इक उजली किरन हम लिख दें
दूर तक जो हमें वीराने नज़र आते हैं

आओ वीरानों पर अब एक चमन[1] हम लिख दें
लफ़्ज़-दर-लफ़्ज़[2] समुंदर-सा बहे
मौज-ब-मौज[3]
बह्‌रे-नग़मात[4] में
हर कोहे-सितम[5] हल[6] हो जाए
दुनिया दुनिया न रहे एक ग़ज़ल हो जाए।

1. बाग़
2. शब्द-प्रति-शब्द
3. लहर-दर-लहर
4. काव्य सागर
5. ज़ुल्म का पहाड़
6. घुलना

● ● ●

ज़ख़्म तो हमने इन आँखों से देखे हैं
लोगों से सुनते हैं, मरहम होता है

ग़ज़ल

दिल का हर दर्द खो गया जैसे
मैं तो पत्थर का हो गया जैसे

दाग़ बाक़ी नहीं कि नक़्श[1] कहूँ
कोई दीवार धो गया जैसे

जागता ज़ह्न[2] ग़म की धूप में था
छाँव पाते ही सो गया जैसे

1. निशान

2. बुद्धि

देखनेवाला था कल उस का तपाक[1]
फिर से वो ग़ैर हो गया जैसे

कुछ बिछड़ने के भी तरीक़े हैं
ख़ैर, जाने दो जो गया जैसे

1. गर्मजोशी

●●●

देखकर तुमको ये ख़याल आया
क्या किसी ने तुम्हें छुआ होगा

ग़ज़ल

अभी ज़मीर[1] में थोड़ी-सी जान बाक़ी है
अभी हमारा कोई इम्तेहान बाक़ी है

हमारे घर को तो उजड़े हुए ज़माना हुआ
मगर सुना है अभी वो मकान बाक़ी है

हमारी उनसे जो थी गुफ़्तगू[2], वो ख़त्म हुई
मगर सुकूत-सा[3] कुछ दरमियान बाक़ी है

1. अंतरात्मा
2. बातचीत
3. नि:शब्दता/ख़ामोशी

हमारे ज़हन[1] की बस्ती में आग ऐसी लगी   1. बुद्धि
कि जो था ख़ाक हुआ इक दुकान बाक़ी है

वो ज़ख़्म भर गया अर्सा हुआ मगर अबतक
ज़रा-सा दर्द ज़रा-सा निशान बाक़ी है

ज़रा-सी बात जो फैली तो दास्तान बनी
वो बात ख़त्म हुई दास्तान बाक़ी है

अब आया तीर चलाने का फ़न[1] तो क्या आया   1. कला
हमारे हाथ में ख़ाली कमान बाक़ी है

●●●

ग़ज़ल

ये मुझसे पूछते हैं चारागर[1] क्यों
कि तू ज़िंदा तो है अब तक, मगर क्यों

जो रस्ता छोड़के मैं जा रहा हूँ
उसी रस्ते पे जाती है नज़र क्यों

थकन से चूर पास आया था इसके
गिरा सोते में मुझपर ये शजर[2] क्यों

1. चिकित्सक
2. पेड़

सुनाएँगे कभी फ़ुर्सत में तुम को
कि हम बरसों रहे हैं दरबदर क्यों

यहाँ भी सब हैं बेगाना ही मुझसे
कहूँ मैं क्या कि याद आया है घर क्यों

मैं ख़ुश रहता अगर समझा न होता
ये दुनिया है तो मैं हूँ दीदावर[1] क्यों

1. पारखी

●●●

ग़ज़ल

ज़िंदगी की आँधी में ज़ह्न का शजर[1] तन्हा
तुमसे कुछ सहारा था, आज हूँ मगर तन्हा

1. पेड़

ज़ख़्म-ख़ुर्दा[2] लम्हों को मसलेहत[3] सँभाले है
अनगिनत मरीज़ों में एक चारागर[4] तन्हा

2. घायल
3. नीति
4. चिकित्सक

बूँद जब थी बादल में ज़िंदगी थी हलचल में
क़ैद अब सदफ़[5] में है बनके है गुहर[6] तन्हा

5. सीप
6. मोती

तुम फ़ुज़ूल[1] बातों का दिल पे बोझ मत लेना
हम तो ख़ैर कर लेंगे ज़िंदगी बसर तन्हा

इक खिलौना जोगी से खो गया था बचपन में
ढूँढता फिरा उसको वो नगर-नगर तन्हा

झुटपुटे का आलम[2] है जाने कौन आदम है
इक लहद[3] पे रोता है मुँह को ढाँपकर तन्हा

1. व्यर्थ
2. समय
3. क़ब्र

● ● ●

ग़ज़ल

वो ज़माना गुज़र गया कब का
था जो दीवाना मर गया कब का

ढूँढता था जो इक नई दुनिया
लौटके अपने घर गया कब का

वो जो लाया था हमको दरिया तक
पार अकेले उतर गया कब का

उसका जो हाल है वही जाने
अपना तो ज़ख़्म भर गया कब का

ख़्वाब-दर-ख़्वाब था जो शीराज़ा[1]
अब कहाँ है, बिखर गया कब का

1. ताना बाना

●●●

चाँदनी के लिए मथा सूरज
क्या कहें कैसी मात खाई है

ग़ज़ल

ये दुनिया तुमको रास आए तो कहना
न सर पत्थर से टकराए तो कहना

ये गुल काग़ज़ हैं, ये ज़ेवर हैं पीतल
समझ में जब ये आ जाए तो कहना

बहुत ख़ुश हो कि उसने कुछ कहा है
न कहकर वो मुकर जाए तो कहना

बहल जाओगे तुम ग़म सुनके मेरे
कभी दिल ग़म से घबराए तो कहना

धुआँ जो कुछ घरों से उठ रहा है
न पूरे शहर पर छाए तो कहना

●●●

देखी है चाँद-चेहरों की भी चाँदनी मगर
उस चेहरे पर अजब है ज़हानत[1] की रौशनी

1. समझदारी

बरवक़्त[1] एक और ख़याल

1. समय पर

ख़याल आता है
जैसे बच्चों की आँख बादल में
शेर और हाथी देखती है
बहुत-से लोगों ने
वक़्त में भी
शऊर[2] बीनाई[3] और समाअत[4]
के वस्फ़[5] देखे
बहुत-से लोगों की जुस्तुजू[6] के सफ़र का अंजाम
इस अक़ीदे [7] की छाँव में है
कि वक़्त कहते हैं जिसको
दर अस्ल[8] वो ख़ुदा है

मगर है जिसको तलाश सच की
भटक रहा है

2. समझ, 3. दृष्टि
4. सुनना, 5. गुण
6. तलाश
7. आस्था
8. असल में

ये इक सवाल
उसके ज़ह्नो-दिल में
खटक रहा है
ये वक़्त क्या है?

• • •

हमारे शौक़ की ये इन्तहा थी
क़दम रक्खा कि मंज़िल रास्ता थी

अजीब आदमी था वो

(कैफ़ी साहब)

अजीब आदमी था वो
मुहब्बतों का गीत था
बग़ावतों का राग था
कभी वो सिर्फ़ फूल था
कभी वो सिर्फ़ आग था
अजीब आदमी था वो

वो मुफ़लिसों[1] से कहता था
कि दिन बदल भी सकते हैं
वो जाबिरों[2] से कहता था
तुम्हारे सर पे सोने के जो ताज हैं
कभी पिघल भी सकते हैं

1. निर्धन
2. अत्याचारी

वो बंदिशों[1] से कहता था
मैं तुमको तोड़ सकता हूँ
सहूलतों से कहता था
मैं तुमको छोड़ सकता हूँ
हवाओं से वो कहता था
मैं तुमको मोड़ सकता हूँ

वो ख़्वाब से ये कहता था
कि तुझको सच करूँगा मैं
वो आरज़ू से कहता था
मैं तेरा हमसफ़र हूँ
तेरे साथ ही चलूँगा मैं
तू चाहे जितनी दूर भी बना ले अपनी मंज़िलें
कभी नहीं थकूँगा मैं

वो ज़िंदगी से कहता था
कि तुझको मैं सजाऊँगा
तू मुझसे चाँद माँग ले
मैं चाँद लेके आऊँगा

वो आदमी से कहता था
कि आदमी से प्यार कर
उजड़ रही है ये ज़मीं
कुछ इसका अब सिंघार कर

1. बंधनों

अजीब आदमी था वो

वो ज़िंदगी के सारे ग़म
तमाम दुख
हर इक सितम से कहता था
मैं तुमसे जीत जाऊँगा
कि तुमको तो मिटा ही देगा
एक रोज़ आदमी
भुला ही देगा ये जहाँ[1]
मिरी अलग है दास्ताँ

वो आँखें जिनमें ख़्वाब हैं
वो दिल है जिनमें आरज़ू
वो बाज़ू जिनमें है सकत[2]
वो होंठ जिनपे लफ़्ज़ हैं
रहूँगा उनके दरमियाँ
कि जब मैं बीत जाऊँगा

अजीब आदमी था वो।

1. संसार
2. ताक़त

अजनबी हमको ये दीवार ये दर[1] कहते हैं
पर कहाँ जाएँ चलो इसको ही घर कहते हैं

1. दरवाज़ा

ग़ज़ल

आज मैंने अपना फिर सौदा किया
और फिर मैं दूर से देखा किया

ज़िंदगी भर मेरे काम आए उसूल
एक-इक करके उन्हें बेचा किया

बँध गई थी दिल में कुछ उम्मीद-सी
ख़ैर, तुमने जो किया अच्छा किया

कुछ कमी अपनी वफ़ाओं में भी थी
तुमसे क्या कहते कि तुमने क्या किया

क्या बताऊँ कौन था जिसने मुझे
इस भरी दुनिया में है तन्हा किया

●●●

इसे मैं लाख सँवारूँ इसे मैं लाख सजाऊँ
अजब मकान है, कम्बख़्त घर नहीं बनता

मेले

बाप की उँगली थामे
इक नन्हा-सा बच्चा
पहले-पहल मेले में गया तो
अपनी भोली-भाली
कंचों जैसी आँखों से
इक दुनिया देखी
ये क्या है और वो क्या है
सब उसने पूछा
बाप ने झुककर
कितनी सारी चीज़ों और खेलों का
उसको नाम बताया
नट का
बाज़ीगर का
जादूगर का
उसको काम बताया
फिर वो घर की जानिब लौटे
गोद के झूले में

बच्चे ने बाप के कंधे पर सर रक्खा
बाप ने पूछा
नींद आती है

वक़्त भी एक परिंदा है
उड़ता रहता है

गाँव में फिर इक मेला आया
बूढ़े बाप ने काँपते हाथों से
बेटे की बाँह को थामा
और बेटे ने
ये क्या है और वो क्या है
जितना भी बन पाया
समझाया
बाप ने बेटे के कंधे पर सर रक्खा
बेटे ने पूछा
नींद आती है
बाप ने मुड़के
याद की पगडंडी पर चलते
बीते हुए
सब अच्छे-बुरे
और कड़वे-मीठे
लम्हों के पैरों से उड़ती
धूल को देखा
फिर
अपने बेटे को देखा

होंठों पर
इक हलकी-सी मुस्कान आई
हौले-से बोला
हाँ!
मुझको अब नींद आती है।

• • •

आज वो भी बिछड़ गया हमसे
चलिए, ये क़िस्सा भी तमाम[1] हुआ

1. समाप्त

कभी मुश्किलें कभी मंज़िलें यही ज़िंदगी का उसूल है
वो जो रोना काँटों का रोते हैं कभी फूलों को भी तो देखते

मोनताज

नींद के बादलों के पीछे है
मुस्कुराता हुआ कोई चेहरा
चेहरे पे बिखरी एक रेशमी लट
सरसराता हुआ कोई आँचल
और दो आँखें हैराँ-हैराँ-सी

इक मुलाक़ात
इक हसीं लम्हा
झील का ठहरा-ठहरा-सा पानी
पेड़ पर चहचहाती इक चिड़िया
घास पर खिलते नन्हे-नन्हे फूल
ख़ूबसूरत लबों पे नर्म-सी बात

दोपहर एक पीली-पीली-सी
बर्फ़-सी ठंडक एक लहजे में
टूटा आईना

उड़ते कुछ काग़ज़
मुन्हदिम[1] पुल
अधूरी एक सड़क
किरचों-किरचों बिखरता इक मंज़र
पलकों पर झिलमिलाता एक आँसू
गहरा सन्नाटा शोर करता हुआ
नींद के बादलों के पीछे है।

1. ध्वस्त

●●●

ग़ज़ल

किसलिए कीजे बज़्म-आराई[1]
पुरसुकूँ हो गई है तन्हाई

1. महफ़िल सजाना

फिर ख़मोशी ने साज़ छेड़ा है
फिर ख़यालात ने ली अंगड़ाई

यूँ सुकूँ-आशना[2] हुए लम्हे[3]
बूँद में जैसे आए गहराई

2. शांत
3. क्षण

इक से इक वाक़िआ[1] हुआ लेकिन
न गई तेरे ग़म की यकताई

कोई शिकवा न ग़म, न कोई याद
बैठे-बैठे बस आँख भर आई

ढलकी शानों[2] से हर यक़ीं की क़बा[3]
ज़िंदगी ले रही है अंगड़ाई

●●●

1. घटना
2. कन्धों
3. विश्वास का वस्त्र

ग़ज़ल

न ख़ुशी दे तो कुछ दिलासा दे
दोस्त, जैसे हो मुझको बहला दे

आगही[1] से मिली है तन्हाई
आ मिरी जान मुझको धोखा दे

1. चेतना

अब तो तक्मील[2] की भी शर्त नहीं
ज़िंदगी अब तो इक तमन्ना दे

2. पूर्ति

ऐ सफ़र इतना राएगाँ[1] तो न जा
न हो मंज़िल कहीं तो पहुँचा दे

तर्क[2] करना है गर तअल्लुक़ तो
ख़ुद न जा तू किसी से कहला दे

1. व्यर्थ
2. त्याग

●●●

जा भी चुका वो, फिर भी मैं तन्हा नहीं अब तक
सूरज के डूबते ही अँधेरा नहीं होता

पन्द्रह अगस्त

(ये नज़्म[1] 15 अगस्त 2007 को हिंदुस्तानी पार्लियामेंट में उसी जगह सुनाई गई थी जहाँ से 15 अगस्त 1947 में पंडित जवाहर लाल नेहरू ने आज़ादी का एलान किया था।)

1. कविता

यही जगह थी यही दिन था और यही लम्हात[2]
सरों पे छाई थी सदियों से इक जो काली रात
इसी जगह इसी दिन तो मिली थी उसको मात
इसी जगह इसी दिन तो हुआ था ये एलान
अँधेरे हार गए ज़िंदाबाद हिंदुस्तान
यहीं तो हमने कहा था ये कर दिखाना है
जो ज़ख़्म तन पे है भारत के उसको भरना है
जो दाग़ माथे पे भारत के है मिटाना है
यहीं तो खाई थी हम सबने ये क़सम उस दिन
यहीं से निकले थे अपने सफ़र पे हम उस दिन
यहीं था गूँज उठा वंदे मातरम् उस दिन

2. पल, क्षण

है जुरअतों का सफ़र वक़्त की है राहगुज़र
नज़र के सामने है साठ मील का पत्थर
कोई जो पूछे किया क्या है कुछ किया है अगर
तो उससे कह दो कि वो आए देख ले आकर
लगाया हमने था जम्हूरियत[1] का जो पौधा
वो आज एक घनेरा-सा ऊँचा बरगद है
और उसके साये में क्या बदला, कितना बदला है
कब इन्तेहा है कोई इसकी कब कोई हद है

1. लोकतंत्र

चमक दिखाते हैं ज़र्रे[2] अब आस्मानों को
ज़बान मिल गई है सारे बेज़बानों को
जो ज़ुल्म सहते थे वो अब हिसाब माँगते हैं
सवाल करते हैं और फिर जवाब मांगते हैं
ये कल की बात है सदियों पुरानी बात नहीं
कि कल तलक था यहाँ कुछ भी अपने हाथ नहीं
विदेशी राज ने सब कुछ निचोड़ डाला था
हमारे देश का हर करघा तोड़ डाला था
जो मुल्क सूई की ख़ातिर था औरों का मोहताज
हज़ारों चीज़ें वो दुनिया को दे रहा है आज
नया ज़माना लिये इक उमंग आया है
करोड़ों लोगों के चेहरे पे रंग आया है
ये सब किसी के करम से, न है इनायत से
यहाँ तक आया है भारत ख़ुद अपनी मेहनत से

2. कण

जो कामयाबी है उसकी ख़ुशी तो पूरी है
मगर ये याद भी रखना बहुत ज़रूरी है

कि दास्तान हमारी अभी अधूरी है
बहुत हुआ है मगर फिर भी ये कमी तो है
बहुत-से होंठों पे मुस्कान आ गई लेकिन
बहुत-सी आँखें हैं जिनमें अभी नमी तो है

यही जगह थी यही दिन था और यही लम्हात
यहीं तो देखा था इक ख़्वाब सोची थी इक बात
मुसाफ़िरों के दिलों में ख़याल आता है
हर इक ज़मीर[1] के आगे सवाल आता है 1. अंतरात्मा
वो बात याद है अब तक हमें कि भूल गए
वो ख़्वाब अब भी सलामत[2] हैं या फ़ुज़ूल[3] गए 2. सुरक्षित, 3. व्यर्थ
चले थे दिल में लिए जो इरादे पूरे हुए
जो हमने ख़ुद से किए थे वो वादे पूरे हुए
ये कौन है कि जो यादों में चर्ख़ा कातता है
ये कौन है जो हमें आज भी बताता है
है वादा ख़ुद से निभाना हमें अगर अपना
तो कारवाँ नहीं रुक पाये भूलकर अपना
है थोड़ी दूर अभी सपनों का नगर अपना
मुसाफ़िरो अभी बाक़ी है कुछ सफ़र अपना ।

●●●

रुसवाइयों[1] का ताज है ग़म की सलीब[2] है
इतना भी मिल गया है तो अपना नसीब है

1. बदनामी
2. सूली

ग़ज़ल

मैं ख़ुद भी कब ये कहता हूँ कोई सबब[1] नहीं
तू सच है मुझको छोड़ भी दे तो अजब नहीं

वापस जो चाहो जाना तो जा सकते हो मगर
अब इतनी दूर आ गए हम, देखो अब नहीं

ज़र[2] का, ज़रूरतों का, ज़माने का, दोस्तो
करते तो हम भी हैं मगर इतना अदब नहीं

1. कारण
2. धन

मेरा ख़ुलूस[1] है तो हमेशा के वास्ते
तेरा करम नहीं है कि अब है और अब नहीं

1. स्नेह

आए वो रोज़ो-शब[2] कि जो चाहे थे रोज़ो-शब
तो मेरे रोज़ो-शब भी मिरे रोज़ो-शब नहीं

2. दिन -रात

दुनिया से क्या शिकायतें, लोगों से क्या गिला
हमको ही ज़िंदगी से निभाने का ढब नहीं

●●●

हमसाये[1] के नाम

1. पड़ोसी

कुछ तुमने कहा
कुछ मैंने कहा
और बढ़ते-बढ़ते बात बढ़ी
दिल ऊब गया
दिन डूब गया
और गहरी-काली रात बढ़ी

तुम अपने घर
मैं अपने घर
सारे दरवाज़े बंद किए
बैठे हैं कड़वे घूँट पिए
ओढ़े हैं गुस्से की चादर

कुछ तुम सोचो
कुछ मैं सोचूँ
क्यों ऊँची हैं ये दीवारें

कब तक हम इन पर सर मारें
कब तक ये अँधेरे रहने हैं
कीना[1] के ये घेरे रहने हैं
चलो अपने दरवाज़े खोलें
और घर से बाहर आएँ हम
दिल ठहरे जहाँ हैं बरसों से
वो इक नुक्कड़ है नफ़रत का
कब तक इस नुक्कड़ पर ठहरें
अब उसके आगे जाएँ हम
बस थोड़ी दूर इक दरिया है
जहाँ एक उजाला बहता है
वाँ लहरों-लहरों हैं किरनें
और किरनों-किरनों हैं लहरें
उन किरनों में
उन लहरों में
हम दिल को ख़ूब नहाने दें
सीनों में जो इक पत्थर है
उस पत्थर को घुल जाने दें
दिल के इक कोने में भी छुपी
गर थोड़ी-सी भी नफ़रत है
उस नफ़रत को धुल जाने दें
दोनों की तरफ़ से जिस दिन भी
इज़्हार[2] नदामत[3] का होगा
तब जश्न मुहब्बत का होगा।

1. बैर
2. अभिव्यक्ति
3. पछतावा

● ● ●

ग़ज़ल

हमारे दिल में अब तल्ख़ी[1] नहीं है
मगर वो बात पहले-सी नहीं है

1. कड़वाहट

मुझे मायूस[2] भी करती नहीं है
यही आदत तिरी अच्छी नहीं है

2. निराश

बहुत-से फ़ायदे हैं मसलेहत[3] में
मगर दिल की तो ये मर्ज़ी नहीं है

3. नीति

हर इक की दास्ताँ सुनते हैं जैसे
कभी हमने मुहब्बत की नहीं है

है इक दरवाज़ा बिन दीवार दुनिया
मफ़र[1] ग़म से यहाँ कोई नहीं है

1. छुटकारा

• • •

हमको उठना तो मुँह-अँधेरे था
लेकिन इक ख़्वाब हमको घेरे था

ग़ज़ल

याद उसे भी एक अधूरा अफ़साना तो होगा
कल रस्ते में उसने हमको पहचाना तो होगा

डर हमको भी लगता है रस्ते के सन्नाटे से
लेकिन एक सफ़र पर ऐ दिल, अब जाना तो होगा

कुछ बातों के मतलब हैं और कुछ मतलब की बातें
जो ये फ़र्क़ समझ लेगा वो दीवाना तो होगा

दिल की बातें नहीं हैं तो दिलचस्प ही कुछ बातें हों
ज़िंदा रहना है तो दिल को बहलाना तो होगा

जीत के भी वो शर्मिंदा है, हार के भी हम नाज़ाँ[1]
कम से कम वो दिल ही दिल में ये माना तो होगा

1. गर्वान्वित

● ● ●

ये सच है बेकार हमें ग़म होता है
जो चाहा था दुनिया में कम होता है

ग़ज़ल

दर्द कुछ दिन तो मेह्माँ ठहरे
हम बज़िद[1] हैं कि मेज़बाँ[2] ठहरे

1. हठी
2. यजमान

सिर्फ़ तन्हाई सिर्फ़ वीरानी
ये नज़र जब उठे जहाँ ठहरे

कौन-से ज़ख़्म पर पड़ाव किया
दर्द के क़ाफ़िले कहाँ ठहरे

कैसे दिल में ख़ुशी बसा लूँ मैं
कैसे मुट्ठी में ये धुआँ ठहरे

थी कहीं मसलेहत[1] कहीं जुर्अत[2]
हम कहीं इनके दरमियाँ ठहरे

1. नीति
2. साहस

●●●

चाँदनी से धुली इस रात में
एक खुश्बू-सी है हर बात में

पेड़ से लिपटी बेल

एक पुराने
और घनेरे पेड़ की इक डाली से लिपटी
बेल में
सारी पेड़ की रंगत
पेड़ की ख़ुश्बू
समा गई थी
बेल भी पेड़ का इक हिस्सा थी
पेड़ के बारे में
यूँ तो सौ अफ़्साने थे
बेल का कोई ज़िक्र नहीं था
वो ख़ामोश-सा इक क़िस्सा थी

पेड़ पे रंगों का मौसम था
बेल पे जैसे
हल्की-सी मुस्कान के
नन्हे फूल खिले थे
लेकिन
फिर ये मौसम बदला

और बड़ी ज़हरीली हवाएँ
पेड़ गिराने
चारों दिशाओं से जब लपकीं
यूँ लगता था
पेड़ हवा में
पत्ता-पत्ता बिखर रहा है
यूँ लगता था
सारी शाख़ें टूट रही हैं
यूँ लगता था
सारी जड़ें अब उखड़ रही हैं
पल दो पल में
पेड़ ज़मीं पर
मुँह के बल गिरनेवाला है
पर जो हुआ
वो क़िस्सा भी सुनने वाला है

पेड़ जो काँपा
बेल के तन-मन में जैसे
इक बिजली दौड़ी
रेशम जैसी बेल का रेशा-रेशा
जैसे लोहे का इक तार बना
और बेल ने
सारी टूटी शाख़ों को
यूँ बाँधा
पेड़ के सारे घायल तन को
यूँ लिपटाया

पेड़ की हर ज़ख़्मी डाली को
कुछ यूँ थामा
जितनी थीं ज़हरीली हवाएँ
पेड़ से सर टकरा-टकरा के
हार गई हैं
हाँप रही हैं
होके परीशाँ
हक्का-बक्का देख रही हैं

वक़्त के भी हैं खेल निराले
बेल अपनी बाँहों में अब है पेड़ सँभाले
धीरे-धीरे
घायल शाख़ों पर
पत्ते फिर निकल रहे हैं
धीरे-धीरे
नई जड़ें फूटी हैं
और धरती में गहरी उतर रही हैं
बेल पे जैसे
एक नई मुस्कान के नन्हे फूल खिले हैं।

• • •

उसकी आँखों में भी काजल फैल रहा है
मैं भी मुड़के जाते-जाते देख रहा हूँ

❑❑❑